سِجلٌّ مَكتُوبٌ لتَائِهٍ

(Logbook Written by a Drifter)

شعر

تنداي رينوس موانكا

ترجمة

فتحي ساسي

Mwanaka Media and Publishing Pvt Ltd,
Chitungwiza Zimbabwe
*
Creativity, Wisdom and Beauty

Publisher: Mmap
Mwanaka Media and Publishing Pvt Ltd
24 Svosve Road, Zengeza 1
Chitungwiza Zimbabwe
mwanaka@yahoo.com
www.africanbookscollective.com/publishers/mwanaka-media-and-publishing
https://facebook.com/MwanakaMediaAndPublishing/

Distributed in and outside N. America by African Books Collective
orders@africanbookscollective.com
www.africanbookscollective.com

ISBN: 978-1-77929-590-3
EAN: 9781779295903

©Tendai Rinos Mwanaka 2020

All rights reserved.
No part of this book may be reproduced or transmitted in any form or by any means, mechanical or electronic, including photocopying and recording, or be stored in any information storage or retrieval system, without written permission from the publisher

DISCLAIMER
All views expressed in this publication are those of the author and do not necessarily reflect the views of Mmap.

Mwanaka Media and Publishing Editorial Board:

Publisher/ Editor-in-Chief: Tendai Rinos Mwanaka
mwanaka13@gmail.com
East Africa and Swahili Literature: Dr Wanjohiwa Makokha
makokha.justus@ku.ac.ke
East Africa English Literature: Andrew Nyongesa (PhD student)
nyongesa55.andrew@gmail.com
East Africa and Children Literature: Richard Mbuthia
ritchmbuthia@gmail.com
Legal Studies and Zimbabwean Literature: Jabulani Mzinyathi
jabumzi@gmail.com
Economics, Development, Environment and Zimbabwean Literature:
Dr UshehweduKufakurinaniushehwedu@gmail.com
History, Politics, International relations and South African Literature:
Antonio Garcia antoniogarcia81@yahoo.com
North African and Arabic Literature:FethiSassisassifathi62@yahoo.fr
Gender and South African Literature: Abigail George
abigailgeorge79@gmail.com
Francophone and South West African Literature: Nsah Mala
nsahmala@gmail.com
West Africa Literature: Macpherson
Okparachiefmacphersoncritic@gmail.com
Media studies and South African Literature: Mikateko Mbambo
me.mbambo@gmail.com
Portuguese and West Africa Literature: Daniel da Purificação
danieljose26@yahoo.com.br

الفهرس

المقدّمة viii

1-سجلّ مكتوب لتائه

5-دون عنوان1

6-نصف يعرف ونصف لا يعرف

11-دون عنوان2

12-كلّ كلمة ملتويّة

14-ضجّة كتبت على الرّيح

17-حبّ على هذه الصّفحة

19-النّجوم

22-الزّمن

25-الصّمت

27-"يتيم" على جبل "كاتو"

28-دمعة على خدّي

32-مطر

37-قمر أكتوبر

40-حياتي

51-بعد عدّة سنوات

53-اتصالات معطّلة

55-دعوة لك

60-الجيران

62-"توني كاتزو" ضدّ "م.ن.د"

67-خريف

68-حلم "ثمبي نغوبان"

70- ممارسة الحبّ مع أربعة جدران

75 - قبلة

79- مشروع "زان"

82- تعدّد المهام

86- عشّاق مسملون

89- مجوهرات

91- هو هنا

93- لقائهم

96- غضب من هذا الضياء

98- وداعا أيّها الأمس

100- أن نولد في يومٍ واحدٍ فَقَطْ

104- أعدّ النّجوم

110- تمنيّات

113- في البيت مجدّدا

118- ننتظر ونبقى...قليلا

120- رجولة حزينة

123- الجمال هو الوجود

126- سوناتة "ديبتش"

130- هذه التّلميحات

Mmap New African Poets series- 137

المقدّمة

" سجلّ مكتوب لتائه " هو عبارة عن حلقات من قصائد مترابطة تتناول فكرة الحياة من جوانبها الرّوحية، اللّغة، والأفكار الفلسفيّة وعلاقات الحبّ في مستوياتها المختلفة أو عمقها،ولكنّها تركّز أكثر على العلاقات الّتي تغيّر الشّخصية. لأنّ الشّخصيّة لا تدرك كيفيّة التّعامل مع هذه العلاقات ممّا يجعلها تتحوّل إلى نوع من الحطام،عاطفيّا، نفسيّا، أو حتّى روحانيّا. ولا سيّما النّاحية الرّوحية حيث أنّ الشّخصية تخبر نفسها في الوقت نفسه أنّها لا ترغب في تلك الفتاة الّتي يحبّها، والّتي يستطيع أن يعيش من دونها، ولا يستطيع العيش من دونها. إنّ هذا الجانب المربك، والمتردّد، رغبة في معرفة الحقيقة، والحاجة الدّاخلية إلى إيجاد شخص يمكنه

الاتّصال به، هو ذلك الهوس الّذي يدفعنا بينما نحن نتجوّل عبر هذه السّلسلة من الجبال.

إنّ قصائد هذه المجموعة تمسّ قصائد الحبّ المبكّرة للكبار، قصائد الحبّ في عالم يعيش تحت ظلّ وباء الإيدز المتفشّي. وحاجتنا الماسّة مثل كلّ البشر إلى رغبة في ربط حياتنا بشخص مّا، وخاصة الآن في القرن الحادي والعشرين، حيث في الغالب ينتهي بتفكّك وخيبة الأمل، وحطام نفسيّ وروحيّ وعاطفيّ يحدث عند التّعامل مع علاقة فاشلة. تقع القصائد في أجزاء صغيرة مبهجة لأشخاص مختلفين مرتبطين بهذه المسألة، في الحبّ، وفي الحوار... ورواية قصص الحبّ الخاصّة بهم بطريقتهم الخاصة، لذلك لا أستخدم دائمًا الأساليب التقليديّة للشّعر. في هذه المحاولة، يُسمح لي باستكشاف مجموعة من الحريات الشعريّة والتّقنيات في جعل الشّخصيات الموجودة في القصائد تخفي عواطفها على الصّفحة. إنّها تجربة

صعبة للغاية ومثيرة، وبالتّالي فهي تمتّع بالقدرة على إلقاء نظرة مباشرة على الموضوع دون أن تتوهّج.

في بعض الأحيان تكون القصائد مكسورة، خشنة مع اختفاء العبارات من الحوافّ مع مزيج
من الأساليب والأنواع المختلفة (مذكّرات ومقالات
وملاحظات ورسومات وخطاب فلسفيّ وشائعات
وهتافات وغيرها...) مع النّوع الشّعري هناك قصائد موجودة في أجزاء أحاول توصيل هذه الأجزاء، حيث تأتي واحدة تلو الأخرى.

قصائد "سجلّ مكتوب لتائه" تلامس معظم
جوانب الحبّ الّذي يحدث لفتاة أو فتى (لقاؤهما)،

والاستمتاع بعلاقة طيبة (قبلة)، وانهيار العلاقة (بعد عدة سنوات)، والجنس (عشّاق مهملون). هناك من يتعامل مع الحبّ كصورة أو بناء الشّاعر (الحبّ على هذه الصفحة) الخسارة (دموع على سطحي)، الموت (نصف يعرفون، ونصف لا يعرفون)، ذكريات (النّجوم)، أمل وحزن (دعوة لك)، والإحساس الواسع بانتشار الهويّة (حياتي)، الروحانيّة أو الحطام الروحيّ (المجوهرات)، الفلسفيّة (مشروع "زان") ، الحياة (قمر أكتوبر) واللّغة (كلّ كلمة ملتوية)؛ وبالتّالي فإنها تخلق مجموعة واسعة من مشاعر العالم : حياة وحبّ وكينونة.

هناك أنواع وأشكال مختلفة من هذه القصائد في هذه المجموعة بعض أشكال تانكا، السّوناتات، القصائد الطّويلة، الهتافات، تجربة التشدّق، الملاحظات، الرّسومات، قصائد قصيدة صائد النّثر، قصائد المقالات، قصائد شبه القصة تجريبيّة للشّعر الألمانيّ (الشّعر والفكر)، قصائد الصّدى التّلاعب بالألفاظ، الإكثار، الأحلام، أحلام اليقظة، يتمّ

استكشاف حالات ذهنيّة غير طبيعية (مثل قصائد الجيل النّاجح)، لأيّ ميول غير منتظم.
ما أحاول تحقيقه مع هذه المجموعة يكتب السجلّ الّذي يكتبه تائه في الحياة، والعواطف والمشاعر
التّي تنجرف فيها الشّخصية حيث يتعامل مع حبّ لم يتحقّق. إنّه في مساحة صغيرة، مثل المسافة بين مكان صلب وصخرة، وبالتّالي فهو يجعل تلك المساحة خاصة به. تشجّعنا المجموعة على الحفاظ على تلك المساحات، ومساحات الانجراف حتّى نتعامل مع العناصر الصّلبة أو

العناصر الصّخرية، وكلّ شيء على ما يرام مرّة أخرى.
الانجراف في بعض الأحيان هو كلّ ما يمكننا فعله.
القصائد هي فتات وقطرات من أشخاص مختلفين يتّصلون بهذه المسألة، الحبّ، الحوار... يقولون

قصص الحبّ على طريقتهم الخاصّة. أنا لا أستعمل دائمًا
الأشكال التقليديّة في الشّعر.

لقد سمحت لنفسي باكتشاف مجموعة من الحريّات والتّقنيات
الشّعريّة في خلق نسيج، وطابع
لعواطفهم الخاصة على الصّفحة. إنّه تجريبي جدّا وتحدّ قويّ
وبالتّالي فهو يملك القدرة على النّظر
بعين مستقيمة دون ثبات.

سِجلٌّ مكتوبٌ لتائهٍ

كيفَ يمكنُ لي أنْ أتَرَاجَعَ عمَّا فعَلتُ ؟
ليكُونَ أقَلَّ وَجعًا،

وكيْ لاَ أزعِجَ نفسِي،

لأنسَابَ، لأمرّرَ، لأنزَلِقَ

مِنْ خلاَلِ الحدُودِ غَيرِ المرئيَّةِ

الّتي جَعلتنَا غُربَاءَ...

كيفَ يمكنُ لي أنْ أجعَلهَا أفضَلَ ؟

دونَ أنْ أضحكَ علَى الماضِي.

حطَامٌ مِنْ حَياةٍ ملغَاةٍ،

مِثلَ سِجّلٍ مكتُوبٍ لتَائهٍ،

سَاعيًا إلى رُؤيَةِ الجنّةِ !

كنتُ بالنّسبَةِ إليكَ كلَّ شَيءٍ وأبدًا لنْ أكون،

ولنْ يكُونَ...

وكنتَ كلَّ ما تمنيتُهُ دَائمًا،

كلَّ مَا وجَدتَ صدفةً عندَ التّأمّلِ.

يجعَلني ضَحيّةَ تفكيركَ،

ليسَ أقلَّ مِنْ ذلكَ....

فَقطْ لتتحَوّلَ حَياتي إلى قَذيفَةٍ دَاخلَ صَدَفَةٍ.

ومثلَ العُشبِ الجَّافِ،

كنتُ مكسُورًا.

لي إحسَاسٌ يشبِهُ صندُوقًا،

حيَثُ لاَ قُدرَةَ لي عَلَى إغلاَقِهِ،

أو حَتَّى لفَتحِ نفسِي...

حَتّى أتمكّنَ مِنْ إخبَارِكَ،

بالأشيَاءِ الّتي لنْ أتجرَّأ عَليهَا أبدًا.

لأنّني لاَ أفكّرُ في أنّكَ تهتمُّ.

أتمنَّى أنْ أعودَ،

وأترَاجعَ عمَّا فعَلتُ،

وَهذَا عَيبُ مَاضِينَا....

دونَ عنوَانٍ 1

أنا ... يمكنُ لي أنْ أموتَ،

كَما يمكنُ لي أنْ أكونَ عَلَى قَيدِ الحيَاةِ.

كلُّ هَذَا لاَ يهمُّ...

أنا هُنا وَهذَا مَا يهمُّ.

حيًّا أو مَيّتًا...

نِصفٌ يعرفُ ... ونِصفٌ لاَ يعرفُ

نصفٌ يعرِفُ....ونصفٌ لاَ يعرفُ

آخِرَ تنهيدَةٍ لديسمبرَ مِنْ شَمسِ ديسمبرَ...

مِثلنَا تصطَادُ خَارجَ أراضينَا القَاسيَةِ،

باتجَاهِ غُروبِ الشَّمسِ السَّريعِ،

تحدِّدُ مَسَاءَ هَذَا الزّمنَ.

مَثلاً أنْ نغمِسَ أصَابعَ أقدَامِنَا،

في رُسومِ يومَ جُمعَةٍ صَاخِبٍ...

ليلاً يُومئُ الوَقتُ بنظرَةٍ،

يحَاولُ التغَلّبَ عَلى مَدَارِ السَّاعَةِ،

كأنّما تتحوّلُ إلى الغسَقِ

في الحرَارةِ المنتَشَرةِ.

مِنْ خلاَلِ آخرِ أصَابعِ الشَّمسِ.

تَسكُبُ أمزِجَةً، وتَهزُّ ظلاَلًا دُونَ ألوَانٍ.

يتثَاءبُ اللّيلُ علَى امتدَادَاتِ النُّجُومِ.

يَخفُتُ، يُطفِئُ، يَغرَقُ، يَحذِفُ.

تَنتخبُ هَذهِ اللّيلةُ ظَلامَ صَبرٍ غَاضبٍ.

يَسخَرُ مِنْ رَفضِي.

لَتَذهَبَ مَعهُ نَارٌ كَثِيفَةٌ غَاضِبَةٌ.

جُوعُهُ هُوَ دخَانٌ يقولُ

إنَّ نِهَايتي قَرِيبَةٌ.

في الأسفَلِ الطَّرِيقُ الضَّيقُ القَذِرُ،

وَعَدَني بأنَّهُ سَوفَ يعُودُ.

الحياةُ تعتَمدُ كَثيرًا عَلى الحِسَابَاتِ،

تتجَوَّلُ في خِزَانتي.....

كلَّ يومٍ يتَاجِرُونَ بالعقُولِ.

أتصوّر أنَّ نتيجَةَ الحِيَلِ

في محَاوَلةِ مَعرفةِ كيفَ

نصفٌ يعرِفُ.... ونصفٌ لاَ يعرفُ !

كيفَ تمسِكُ بهِ قبلَ أنْ يخبرَني

عَنْ محَاولةِ إلغَائِهِ.

لكنْ مَازلنَا نتحسَّبُ مِنْ وَجهِهِ

وجهٌ دُونَ اسمٍ،

هوَ الأغرَبُ بينَنا.

عليه أنْ يَدفعَ خَيطَهُ بعيدًا

يجعَلكَ تعتَقدُ في خَيطٍ مُثيرٍ،

مُقدِّسًا الغيَابَ.

فوقَ كلِّ رُؤوسِنَا الّذينَ لاَ يطلبُونَ إذنًا.

حَتَّى نتجَاوزَ المقَاييسَ،

ونقُودَ الأطفَالَ الخَائفينَ.

دُونَ عنوَانٍ2

حيثُ لاَ يوجَدُ خيَارٌ.

مَعَ مَاذا يمكنُ لنَا أنْ نتعَامَلَ،

نحنُ لاَ نختَارُ،

وَنختَارُ مَا لاَ نرغَبُ في أنْ نختَارَ...

كلُّ كلمةٍ ملتويةٍ

طَريقُ الكَلماتِ يفسِّرُ،

لكنَّهُ لاَ يكتَشفُ نفسَهُ...

مثْلمَا تَجتمعُ الكلمَاتُ في جملةٍ وَاحدَةٍ.

كلمَاتٍ لم تُوجَدْ قطُّ.

هُوَ الطَّريقُ الّذِي لمْ نخطّطْ لهُ.

يَلبسُ أفكَارًا عَظيمةً مثلَ قُمْصانٍ،

لاَ يمكنُ أبدًا أنْ يومِضَ للمَجهُولِ...

يتَحرّكُ مَرّةً أخرَى،

هَذهِ يدٌ مَعَ الشَّمسِ.

كَمَا تَكتَشِفُ الكلمَاتُ المعنَى.

ذَلكَ المعنَى الّذِي يحدِّدُ الأشيَاءَ الجميلةَ دَاخلنَا،

أَكثرُ صُورَةً وأقلُّ كلمَاتٍ تلكَ الحروفُ المكسُورةُ .

لغةُ هَذهِ اليَدِ.

بريقُ اليَدِ قَدْ رَحلَ وانتَصرَ الجنُونُ.

كلُّ كلمَةٍ مُلتويَةٍ هنَا لَيسَ لهَا مَعنَى...

ضَجّةٌ كُتبتْ عَلى الرّيحِ

مُبلّلٍ بالغُبَارِ،

كانَتِ الرّيحُ تطلقُ العِنَانَ

لأحَاسِيسهَا المتعبَةِ،

تُفكّكُ بكرَاتِ الأسلاَكِ النَّائيَةِ

في السَّماءِ.

وَترتَجفُ في قمَّةِ سَماءٍ مفتُوحَةٍ

في الفَضَاءِ.

غَامضٌ في أرَاجيحَ وجَولاَتٍ،

فرُوعُ شَجرَةٍ مجرَّدَةٍ وعَاريَةٍ.

هيَ ريَاحُ أغسطُسَ كئيبَةٌ ومَجنُونةٌ.

النّوافذُ محفُوفَةٌ في برَكِ الغُبارِ.

كمَا قضَينا سَاعَاتِ الظّهرِ

في مَسَاءَاتٍ عَاصفَةٍ.

نمشِي عَلَى بقَايَا الأورَاقِ الصَّفرَاءِ.

الرّيحُ تقطَعُ بعنْفِ اللّهيبَ في عُيوننَا.

كأنهّا تَقومُ بحمَايتنَا مثلَ الأقربَاءِ....

ضَجّةٌ مَكتُوبةٌ عَلَى الرّيحِ.

تهمِسُ مِنْ أمَاكنَ غيرَ مثقُوبةٍ،

وَتُهدِي لطَبقةِ النُّبلاَءِ الرَّاحلةِ إلى الجَنوبِ

صُدفَةً مِنْ حَفيفِ الرّيحِ...

حبٌّ على هذهِ الصَّفحَةِ

الحبُّ عناقٌ يتحَدَّثُ بِصَوتٍ

شَاذٍّ في قلبي.

يَصِيحُ بطيئًا بعَلامَاتِ التَعجُّبِ

ليضِيءَ النَّجمَةَ الأولَى.

ليسَتْ دَقيقَةً علامَاتُ التَّرقيمِ،

وَلَا تُجيبُ عَلامَاتُ الاستفهَامِ

في قَلبهِ الثَّابتِ.

أنا الهَامشُ بالنّسبَةِ إليهِ.

حِينَ أصبحُ هَكذَا ؟

لكنَّ النصَّ لاَ يزَالُ سَحابَةً

ممزّقةً تموّهُ قَلبي.

أنزَعُ مِنْ ذهني

كلَّ الأشياَءِ الضَّروريّةِ.

فَأنا نَصٌّ جَديدٌ برمُوزٍ غَريبةٍ

برمُوزٍ غَريبةٍ وإشاراتٍ فَرديّةٍ.

أدُورُ في المنحَدَراتِ...

النُّجومُ

لَحبيبتي مُوسيقَى النُّجومِ،

حَيثُ تَبكي عظَامُ الرُّوحِ.

تَشتَعلُ الفضَّةُ أكثَرَ

أكثَرَ إشرَاقًا....

بَاردَةً مِثلَ قَلبٍ شَاغرٍ.

كانَ قَلبهَا ثَلجًا وأزرَق،

نجُومٌ...

في سَماءٍ مُظلمَةٍ باردَةٍ وخَاليَة.

في ضَوءِ النُّجومِ المَوارِبِ

أحجَارٌ رمَاديّةٌ مَلسَاءُ في قَلبي،

مِثلَ تلكَ النُّجومِ

تلكَ الّتي تَتكسَّرُ انتظَارًا للّيَالي الحَالكَةِ.

بأمَلٍ كبيرٍ كانتْ قَواربُ الحشَرَاتِ الصَّغيرةِ

مُتلهّفَةً إلى الضّيَاءِ.

حتَّى لو مَاتَ مِنْ أجلهَا كارهًا لهَا

مِثلَ فَراشَةٍ عَلَى نَارٍ...

الزّمَنُ

الرَّغبةُ تُسمّي هَذَا المكانَ،

وتملكُ الخوفَ مثلَ ظلّ الوَقتِ.

منكَبٌّ عَلَى ضَربَاتِ القَلبِ.

يحَرّكُ أشكَالَ الرّغَباتِ،

مُزاحٌ مِنْ خلاَلِ هَذَا الوقتِ.

أخَزّنُ الوَقتَ

مثلَ أشعَّةِ الشَّمسِ عَلَى جلُودنَا...

عيُوننَا مَشدُودَةٌ إلى ثقُوبِ المفَاتيحِ

في حَياتنَا.

الوقتُ يجرِي في عَمودنَا الفقرِيّ،

مِثلَ رَعشَةٍ...

عندَمَا ندعَكُ الثَّواني، الدّقَائق والسَّاعَاتِ،

واحدَةً تلوَ الأخرَى.

الاحتكَاكُ يدفَعنَا إلى الأمَامِ.

الوقتُ يسقُطُ جَانبًا، وينهَارُ

دَاخلَ اللّغزِ...

يقاسُ الوقتُ

منْ خلاَلِ مزيجٍ منْ هَذهِ العنَاصِرِ.

فهَلْ هَذهِ محَاولةٌ بائسَةٌ في ضَبطِ الوقتِ؟

الصَّمتُ

تَسكنُنا الشُّكوكُ،

مِثلَ صَمتٍ يضِجُّ دَاخلنَا....

فِي الوَقتِ المنَاسِبِ تَحديدًا،

يَلوي الأجنِحَةَ الصَّامتَةَ.

كنَّا قَدْ فُوجئنَا إلى حَدٍّ بعيدٍ،

مِنَ الأجزَاءِ الدَّقيقَةِ.

لكلٍّ منهَا مسَاحَةٌ خَاصَّةٌ

قبلَ أنْ تَقعَ في النَّومِ.

في صَمتٍ خَارجٍ عَنِ الصَّمتِ.

(يَتِي) عَلَى جبَل (كَاتو)

تَلعقُ الغُيومُ الجبَلَ،

جَبلُ (كَاتو) يحدّدُكَ وَتحدّدُهُ...

يقضِمُ السَّماءَ مِنْ أجْلكَ.

السُّؤالُ الوَحيدُ هنَا

سيَكونُ محَاولةَ الجوَابِ

عَن أسئلةِ الجبَالِ...

دَمعةٌ علَى خَدّي

حبٌّ يزدَهرُ في رُوحِها.

هيَ السَّفينةُ الّتي احتَوتْ ذَلكَ الحبَّ.

كنّا عشّاقًا نتذمَّرُ مِنْ مسَافاتِ الحبِّ.

نلمَسُ قُلوبَ غيرنَا بالذَّهَبِ...

يبدُو أنَّ نظرتَها قَدْ ذَاقَتِ الرّيحَ.

هيَ تَعرفُ أنّهَا وَضَعَت حُبّهَا أمَامَ

الألمِ والحزْنِ.

وأنّهَا سَتموتُ مِنْ أجلِ ذَلكَ.

تموتُ مثلَ أجنحَةِ القَلبِ المغلقَةِ.

الطَّريقُ الَّذِي نَغلقُ بِهِ أجنحَةَ القَلبِ.

حبُّها يَفقِدُ أنفَاسَهُ في القَاعِ،

مِنْ قنوَاتِ قَلبي الَّذِي لاَ قَاعَ فِيهِ.

حُبّهَا ينتَشرُ في الغبَارِ.

صَوتهَا مثلَ زجَاجٍ مَكسُورٍ،

مِثلَ ورُودٍ صَغيرةٍ للألَمِ...

أجزَاءٌ مِنْ وجهِهَا لاَ تزالُ هيَ الماءَ.

تركَتْ قَطرةً عَلى سَطحِي.

نَدبَةً عَلَى بَشرَةِ الأشيَاءِ،

فيمَا يدُهَا لا تَزالُ تَدسُّ في قَلبي.

مِثلَ مَلاَبسَ تَتكرَّرُ عَلى الجلدِ

حَتَّى في الأمَاكنِ السِّريَّةِ....

والآنَ وَقدْ رَحلتْ،

رُطوبتهَا تَتسرَّبُ في كُلِّ مَكَانٍ أقصِدُهُ.

مِثلَ ضَبابٍ في أودِيَةِ ذِهني،

وأنَا أفكّرُ فيهَا...

شَوقٌ بَينَ ذِرَاعَيَّ.

أقفُ بقَلبٍ مفتُوحٍ،

تَبكِي المحيطَاتُ مِنَ الأحَاسِيسِ الأبدِيّةِ...

وأنا أعلَمُ أنّني أحبّهَا، وأحِبُّ جَسدَهَا !

والآنَ أعرفُ أنَّ الحُبَّ دَائمًا سَطحيٌّ

حتَّى يختَبِئَ دَاخلَ أروَاحنَا.

مَطرٌ

السَّماءُ رَماديّةٌ بلَونِ الماكَريلْ*

بعْضٌ مِنَ الغُيومِ أجنِحَةٌ ذَاتُ حَلقٍ أسوَدَ،

وَبعضٌ آخَرُ غُيومٌ مِثلَ شَالٍ أبيضَ...

غُيومٌ بيضَاءُ ودَاكنَة،

مُعلّقَةٌ في استعَارَاتٍ مظْلمَةٍ،

تقَاتلُ مُشرِقَةً.

الحُمّى الرّماديّةُ الدّاكنةُ للغيُومِ...

تبْدَأ حياتَها،

تحتَ الأمطارِ تخُوضُ معرَكةَ أغنيَةٍ

في مَواسِمِ الطّينِ.....

في فترةٍ مَا بَعدَ الظُّهرِ

يقطُرُ المسَاءُ،

مَعَ تَلاشِي ضَوءِ النّهارِ،

ضَوءُ الشَّمسِ سَاطِعٌ وَخفيٌّ.

مَازَالَ وَراءَ الغُيومِ يُثيرُ طَريقَهُ نَحوَ سُقُوطِ اللَّيلِ.

عَينُ الجبَلِ الوحِيدَةُ تَلعَقُ السَّماءَ.

عَنْ بعدٍ يأكلُ الجبَلُ مِنْ تِلكَ

الغُيومِ المجنُونَةِ.

وَفي الجزْءِ عَدِيمِ اللَّونِ دَاخِلي

أنَا مِثلُ عَينِ الجبَلِ إسفَنجَةٌ في المطَرِ.

هَذهِ رقصَةٌ مِنَ الأفكَارِ الرّاقيةِ،

إيقَاعَاتٌ غَنيّةٌ في الكَلاَمِ...

تِلكَ الحدُودُ مثلَ إبَرِ قَطراتِ المطَرِ،

مُتألّقَةٌ في ضَوءِ النَّهارِ البَاهِتِ.

المطَرُ يكرّرُ الرَّسمَ

مِنْ حُرُوفِ العلّةِ بصَوتٍ عَالٍ.

سَميكَةٌ مثلَ لصقٍ عَلَى النَّوافِذِ.

تعرِضُ الحيَاةَ مَجَانًا

وَصَفحَاتُ الأرضِ مُلوّنَةً بهَذِهِ الأمطَارِ

تِلكَ الّتي تَحوّلَت خَضرَاءَ...

* الماكريل : سَمكُ

الأسقَمريّ البَحريّ.

قَمَرُ أُكْتُوبَرَ

قَمَرُ أُكْتُوبَرَ يَصِلُ إِلَى بَابِي،

شَبَحٌ صَغِيرٌ، نكهَةُ خَمرةِ البرتقَالِ.

قُشُورُ القَمَرِ تَغمُرُ الوَادِي

بزُهورٍ صَفرَاءَ شَاحبَةٍ فِي الضَّوءِ.

تَذُوبُ الشَّظَايَا مِنْ بُرُودَةِ اللَّحظَةِ !

فِضَّةٌ مِنْ شَظَايَا صُخورِ القَمَرِ السَّاطِعِ،

فِي الأَسفَلِ، الرَّمَادُ تَحتَ السَّمَاءِ،

بحَرَارَةٍ دَافئَةِ اللّمسِ

عَلَى نصفِ الحَافَّةِ مثلَ حَريقٍ بعيدٍ.

يحرِقُ الآفَاقَ الشَّرقيّة....

وقَدْ نفكّرُ كَذَلكَ في أنّ حُنجرتنَا صفرَاءَ،

تَحتَ ضَوءِ القَمرِ المنيرِ.

يَستَمعُونَ إلى أسمَائنَا

في شظَايَا مَلاَيينِ البتَلاتِ.

مِنْ كينُونَةِ القَمرِ

لاَ تَقهرُهمْ ريَاحُ الحيَاةِ.

تَسحَبُ القَمرَ مِنْ فَوقِ رُؤوسِنَا

مِثلَ عَينٍ عملاَقَةٍ.

في الصَّمتِ الطَّويلِ

يَستَعيدُ القمَرُ سَيطَرتَهُ،

يَدفَعُ اللّيلَ إلى الفَجرِ،

والفَجرَ إلى الصَّباحِ.

يَراوِغُ اللّيلُ وَجهَهُ.

ينزلق اللّيل بعيدا ليعرّي القمر.

قَوسٌ دَائريٌّ للمَوتِ،

تبرزُ حَوّاءُ رَمزًا عَارًا وَمرتَبِكًا...

حيَاتِي

حيَاتي نَسيجُ فُسيفُسَاءٍ

مِنَ الألوَانِ.

يَجتَمعُ الضَّوءُ مِثلَ الشُّموعِ.

حَياتي تَحوّلتْ إلى صَوتِ نفَسٍ

ينجَرفُ كَما لَوْ كَانَ

منْ خلالِ لعقِ شَيءٍ تَجَمَّعَ في الدَّاخِلِ.

حَياتي بدَايَةُ صَوتٍ

حُلوٍ وَناعمٍ وكرويّ.

تَرَهُّلٍ بعيدٍ لقَطَراتِ المطَرِ،

ضَوضَاءٌ بَطِيئةٍ، حُرُوفِ العلّةِ بصَوتٍ عَالٍ تقريبًا.

حَيَاتي سَريعَةُ الخفقَانِ،

تَسكُبُ الضَّوءَ وتَخلقُ هَالاَتٍ،

وفي بَعضِ الأحيَانِ أوتَارًا عَسيرَةَ الطَّنينِ.

مَشغُولةً بعَملٍ مِنْ أجلِ الرَّمَادِ،

لقَدْ انتَشَرُوا فعلاً مُتصَلّبِينَ في الجلدِ،

مُتسَلّلينَ إلى رُوحِي السَّقيمةِ.

حَياتي تَلاشَتْ مَصابيحَ غَازٍ.

تلاشَتْ مُنذُ الفَجرِ.

مِثلَ شَيءٍ مَّا.....

أشيَاءُ مِنَ السّحرِ

تِلكَ الّتي تَعني البَقَاءَ.

وإذَا كنتَ تُفكّكُ قطَعَهُمْ

هُمْ كَانُوا سَيخفُقُونَ،

ويَبتَعدُونَ مِثلَ ذَاكرةٍ مَثقُوبَةٍ.

حَياتي صِرَاعٌ.

جُرحٌ يشَاهدكَ ببسَاطَةٍ.

حيَاتي قَلمٌ مَنبُوذٌ في بئرٍ.

الملاَئكَةُ الّتي لَيسَ لَديهَا خيَارَاتٌ.

سَتخرُجُ مِنْ ميَاهِ البئرِ

لتنظِّفَ لوحَتي.

وَتسجِّلَ الطَّريقَ الّذِي أسَافِرُ فِيهِ،

وأنَا لاَ يمكنُني سَدَّ طَريقي

لأنَّهُ السَّبيلُ الوَحيدُ للذَّهَابِ إلى المنزِلِ.

وَقدْ حَانَ الوَقتُ للعَودَةِ إلى المنزِلِ.

حَياتي عَلامَاتُ استِفهَامٍ.

بَقيتْ دَائمًا خَارجَ المحتوَى

للبقَاءِ بَعيدًا، للعَيشِ دُونَ أحَدٍ

حيَاتي دَمٌ مَجهُولٌ،

في أوردَةٍ وَشَرَايين مجهُولةِ الاسمِ.

تجرِي في عَالمِ المتنَاقضَاتِ.

تَوازُنٌ بَينَ المعلُومِ والمجهُولِ.

في لحظَةٍ أفقدُ القَولَ،

أشعُرُ أنّني أدخُلُ تمَامًا،

وبصَرامَةٍ أقُومُ بالزَّحفِ دَاخلَ عَقلي،

لأعْفي نَفسِي مِنَ الكَلامِ.

حَياتي أَحَاسِيسُ جَسَديَّةٌ،
دَاخلَ عَوالِمِ الكَلِماتِ العَاطفيّةِ.
عندَمَا يجبُ أنْ تَبقَى الكَلِماتُ بلاَكَلِمَاتٍ،
وَترغَبُ الكَلِمَاتُ في أنْ تَرسُمكَ دَاخلهَا.

حَياتي قُوّةُ الجسمِ،
هَذَا الّذِي يخلقُنا، يُحدُّدنَا، يُفسِّرُنَا.
في نَموذَجٍ جَيّدٍ بهَذَا الشَّكلِ...

هَلْ ترغَبُ في أنْ أكُونَ أنتَ؟
وَتتجَاهَلُ أنْ تَكونَ أنَا.

هَلْ تَعتقدُ حقًّا أنّني سَأفعَلُ؟

أنتَ تُسيءُ فَهمي،

وَأنا مَجنُونٌ بكَ!

حَياتي هَيكَلٌ عَظميٌّ لكُلِّ وَاحدٍ

يكرَهُ، وَيَخَافُ.

مِثلَ القيَادَةِ تَتفَادَى الأبقَارَ في الطَّريقِ

حَيَاتي الدَّمُ في الأشجَارِ،

دَاخِلَ حَلقَاتِ انتظَارٍ.

إمبرَاطُوريَاتُ الفَراغِ أملكهَا وأحكُمهَا.

لاَ يمكنُكَ أنْ ترى الصَّمتَ

يمرُّ في مجُموعَةِ منَ التردُّدَاتِ.

حيَاتي تُسَافرُ مِنْ خِلاَلِ

متاهَاتِ الذَّاكرةِ.

كَثيرٌ مِنَ الذّكريَاتِ المدهِشَةِ

تِلكَ الّتي فقَدَتْ مَعانيهَا.

السَّنوَاتُ والذِّكريَاتُ

تَخلّوا عَنهَا أخِيرًا،

علَى الطَّاولةِ مِثلَ بَريدٍ

غَيرِ مَرغُوبٍ فِيهِ...

حَياتي قَواعِدُ بَسيطَةٌ،

وَحسَابَاتٌ لإِضَافَاتٍ وَطَرحٍ.

وفَجأةً يتَّضحُ أنَّ هَذَا الجوَابَ مُلطَّخٌ

بأفعَالنَا أوْ بعَدمِ وجُودِهَا.

حيَاتي حَياةُ التّربَةِ.

طَبقَاتٌ وَطَبقَاتٌ مِنَ الرُّوحِ

تقُولُ وَتظهَرُ.

حيَاتي هيَ الرُّوحُ عَلى النَّارِ،

مُتشَبّثةٌ بالإدرَاكِ في مسَاحَاتٍ لاَمعَةٍ.

والإنسَانُ هُوَ مَنشُورٌ يحمِلُ

احتمالاَتٍ إلهيَّةً.

صِفَاتٍ يتَقاسَمهَا النَّاسُ.

الإنسَانيةُ عَامَّةٌ وكَينُونَةُ الجَمَاعَةِ.

حَياتي غَيرُ مُكتَملَةٍ،

غَيرُ مِثاليَّةٍ مُتّجِهَةٍ لتَكونَ مِثَاليّةً.

حَياتي اللَّحنُ.

هيَ نهَايةُ الخطِّ.

هلْ استَمعتَ إلى لحني؟

ممزَّقًا تَغيبُ عَنْ حَياتي.

وأجبتَ عَلَى مكَالمتي؟

أو إعَادَةَ اختِرَاعِ لحنٍ لشَخصٍ مَّا ؟

بَعدَ عِدَّةِ سَنَوَاتٍ

وأنتَ تَحضُنُ صَخرَةً بجَانبِ المحيطِ تَحتَ شَمسٍ تمتصُّ حَجرًا بركَانيًّا مِنْ زُجَاجٍ، لقَدْ مَرّتْ سَنوَاتٌ عَدِيدَةٌ وأنتَ تحَاولُ الاعترَافَ بِشَيءٍ مَّا. هَذَا المعنَى مُعَطّلٌ مِنْ خِلاَلِ هَذَا الضَّوءِ المشرقِ السَّميكِ الّذِي يسَمّيهِ بَعضُ النَّاسِ الشَّمسَ. هنَاكَ في الأعلَى في السَّماوَاتِ الجميلةِ. كيفَ يختفِي هَذَا المحيطُ الّذِي تحدِّقُ فيهِ مُتلاشِيًا دَاخلكَ. كيفَ يَأتي المحيطُ ليَغمُرَ الشَّاطئَ دُونَ تَفسيرٍ أوْ سَببٍ لذلكَ؟ أنتَ لاَ تَزالُ تنَادِي شَخصًا في النَّغماتِ العَميقةِ والطَّويلةِ مِثلَ قيثَارةٍ زَرقَاءَ. كَما لوْ كنتَ تَنتظِرُ إجَابةً مِنَ الحفرَةِ العَميقَةِ للمحِيطِ. أينَ تَذهَبُ الحفرَةُ عندَمَا يملؤُهَا الماءُ، إجابَتكَ: "أعتقدُ... أنَّ الرّيشَ يتحَوّلُ إلى أنينٍ نَاعمٍ، فَلاَ تُوجَدُ كلماتٌ بعدَهَا. هَذَا الأنينُ يطفُو بعيدًا في

سَماواتٍ زرقَاءَ في الهَواءِ، في الحكَايةِ . وعندَما تَتحدَّثُ عَنْ إجابتِكَ إلى أينَ تَذهَبُ الكلمَاتُ؟ أين تذهَبُ الأصوَاتُ حقّا؟ إنَّها ليسَتْ إجَابةٌ ستقُولهَا بالكَلماتِ والإيماءَاتِ، ولكنْ بالأصوَاتِ فكلُّ صَوتٍ صَغيرٍ، وعَلامَةٍ صَغيرةٍ مَازالتْ تَتذكَّرُ مَا كَانَ عَليهِ الحَالُ في مُلاحَقةِ شَخصٍ مَّا دُونَ حَولٍ أو قوّةٍ في المطَرِ في ظلاَمِ ليَالي الصَّيفِ تَستعيدُ تلكَ اللّحظَةَ عدَّةَ مَرّاتٍ بعدَ عِدَّةِ سَنوَاتٍ، الآنَ هُو الإحسَاسُ بالوحدَةِ حتَّى أنّكَ لستَ هُنا.

اتّصالاتٌ معَطّلةٌ

كانتْ امرأةٌ.

امرأةَ أفعَالٍ...

عَاشَت عَلَى جَبيني،

تَملؤُني خَيالاً.

هيَ الأحَاسِيسُ الّتي لاَ أستَطيعُ التّفكيرَ فيهَا

دُونَ نَشوَةٍ.

كانتِ الحقيقَةُ،

كانتِ المبرَّراتُ مِنْ كياني،

منْ كلِّ مَا فعَلتُ...

ولكنَّ ضحكتَهَا الّتي تَحملهَا دَاخِلي.

علّمتْني دُرُوسًا في الاتّصَالاتِ المعطَّلةِ...

دَعوَةٌ لكَ

إلى رُوبن بِيريِ* هذه هي قصّة حياتكَ

في كلِّ يومٍ نَعيشُ

نُلقي الحَصَى في حَمامِ السّبَاحَةِ

لنَخلقَ تموّجَاتٍ...

في يَومٍ مِنَ الأيَّامِ سَوفَ تَجتمعُ التّمَوجَاتُ.

أنتَ تَقولُ إنّكَ تَركتَني اليَومِ،

صغَارٌ نَحنُ غيرَ نَاضجِينَ ذَوُو ستَّةَ عَشرَ حَولاً،

الأقربَاءُ في قُلوبنَا وَنحنُ نَعلمُ أَنّهُ يجبُ أنْ نترُكهمْ،

في قَلبي أعلمُ أنّني لاَ أستَطيعُ السَّماحَ لكَ بالرَّحيلِ.

وفي قَلبكَ أنتَ، تَعرفُ أنّنَا لمْ نَكنْ مِنَ المفترَضِ أنْ

نَكونَ،

في قُلوبنَا نَعرفُ أنّنَا عَلينَا أنْ نَتزوَّجَ مِنْ نسَاءٍ أخريَاتٍ،

هيَ شَبكةُ الأمَانِ عندَنَا،

في يَومٍ مِنَ الأيَّامِ

سَوفَ أعُودُ إليكِ.

هَلْ يمكنني إلقَاءُ نَظرةٍ عَلَى الخريطَةِ الّتي تُرسِلكِ

بَعيدًا ؟

هَلْ يمكنُ لي أنْ أشعُرَ بالثّمَنِ الّذِي تَدفَعهُ الآنَ ؟

ليسَ ممكنًا أنْ يؤخّرَكَ لمسَاعَدَتي عَلَى الهُروبِ،

فقُلوبنَا تلاَمسُ الصَّمتَ الخَالصَ بينَنا،

مِنْ حِينٍ إلى آخَرَ عَلَى مَرِّ السّنينِ لاَ أفكّرُ إلا فِيكِ،

لكنّهَا تَركتني بَعدَ ثَلاثِينَ سَنةً.

وكنتُ أعرفُ أنَّ الوَقتَ حَانَ للاتّصالِ بكِ.

أحَلقُ لاسمِكَ عَلَى الشَّبكَةِ، والبَاقي هُوَ التَّاريخُ.

لقدْ غادرَ "فينيكِسْ أريزُونَا" إلى " تُوومبَا أستَراليَا"

أرسِلُ حُبّي إلى عُنوانِ قَلبكَ،

لقَدْ غَنّى "رُود ستيوَارتْ" أوَّلَ قطعَةٍ، هيَ الأعمَقُ.

أعتَقدُ حقًّا أنّنَا نَنتمي إلى بعضِنَا بعضًا.

هَذهِ هيَ دَعوَةُ قَلبي

الّتي تَدعُوكَ اليَومَ،

في كُلِّ الأوقَاتِ أحتَرمُ إمكَانياتِ قلبكَ في اتبَاعِ طَريقكَ.

أخطُو بقوّةٍ نَحوَ غُروبكَ الأبديّ لأدفعَ الّذِينَ يخرجُونَنا

مِنْ دَعوتنا في حيَاتنَا.

ولكنَّ الجبَلَ يدعُونَا إلى ذُروتِهِ مرَّةً أخرَى ليصبِحَ ندَاؤُنَا

نداءً آخَرَ، ونداءً آخَرَ.

الجيرَانُ

يثيرُ الوَقتَ الّذِي هَامَ مِنْ هُنا وَهنَاكَ. بَينما كَانَ يَستَمعُ إلى أعيُنِ الجيرَانِ. يضَعُ أسفَلَ أنمَاطِ لحيَاتنَا الصَّغيرةِ. هُم يثَرثُرونَ ويضحَكُونَ ويغضَبُونَ مِثلَ (طَائرِ القيقِ الأزرَقِ)* في ظِلالنَا الورَقيّةِ يقرَؤُونَ نصُوصَهمْ لحيَاتنَا بصَوتٍ عَالٍ في مشَاجَراتهمْ الغَبيّةِ، وَكلماتهمْ الغَريبةِ. تحرّفُ الصَّوابَ أوْ الخطأَ لكلِّ مَا نفعَلُ مِنْ هُنا وهُناكَ. إنَّ تَناولَ كَلماتِ هَؤلاءِ الجيرَانِ هُوَ مُجرّدُ تمرينٍ غَبيٍّ يَضِيقُ فَقطْ لعدَدٍ قَليلٍ مِنَ الأحَادِيثِ.

* طَائِرُ القيقِ الأزرَقِ: يسَمَّى زرياَب أو أبُو زُريق وَهوَ طَائِرٌ ينتَمي لفصِيلةِ الغَرابيَات متوسّطُ الحَجمِ، زَاهيَة ألوَانهُ.

" توني كاتزو" ضدّ "م.ن.د"*

يقول "م.ن.د" لـــ "تُوني".

" ليسَ لدَيَّ رأسٌ أو ذَيلٌ.

لذَلكَ لاَ يمكنُكَ ضَربي لأنِّي سَأحطّمُكَ،

استَسلمْ، وسَأتعَامَلُ مَعكَ بسَلاَمٍ"

غَاضبًا كَانَ "تُوني" وَشَديدَ التّأثّرِ للمُحافَظَةِ عَلى المسَارِ.

الآنَ كلُّ مَا يَستطيعُ فعلُهُ هُو أنْ يفكّرَ في محَاربتهِ،

لبَقيّةِ جَسدِهِ الميّتِ.

لقَدْ تعلّمَ فقط فنًّا وَاحِدًا،

أنْ يقسِّمَ أفكَارَهُ أو عَقلَهِ أربعَ وعشرُينَ سَاعةً في اليَومِ.

"تُوني" لدَيهِ الآنَ كَثيرًا مِنَ المسَائلِ:

الموتُ، ابنُهُ في "كابْ تَاونْ"* محاضَراتٌ، ذكريَاتٌ سَعيدَةٌ،

مَشاكلُ، وزَوجتهُ الّتي تَرَكتهُ،

"إذَا أردتَ الضّحِكَ، أو تَحليلَ الخوفِ، فأنَا مُنفَتحٌ لذَلكَ"

إنّهُ يعيشُ الآنَ في عَالمٍ افتراضِيٍّ في "صنَادِيقِ الوَدائعِ الآمنَةِ".

في اللّيَلِ يغلِقُ كلَّ الحجُراتِ،

يتنَاولُ أقرَاصَ الدَّواءِ، ويذهَبُ للنَّومِ.

بدَأ صَوتُ "تُوني" في التَّوتّرِ، قَاسيًا ومتبَاطئًا في خطَابهِ.

يَضطَرُّ إلى التَّعثّرِ بسَببِ الكَلماتِ الطَّويلةِ.

حَبلُ صَوتيٌّ وَاحدٌ قَد قُتلَ بمرَضِ الخَلايَا العَصَبيّةِ (م.ن.د)،

كرَةُ الصَّمتِ تُروّعُهُ .

وَلكنَّ جُزءًا مِنْ رحلتِهِ هُوَ جُزءٌ مِنْ مَعركَتهِ مَعَ مَرَضِ

(م.ن.د).

"تُونيّ" يَستعِدُّ لتَشغيلِ حَاسُوبٍ نَاطِقٍ للتَّواصُلِ،

لكنْ في النّهَايةِ سَوفَ تنهارُ رِئَتاهِ.

وَسَيُطفأُ جَسَدهُ وَيتغَلّبُ عَليهِ الظَّلامُ.

مِثلمَا تَسقُطُ كلُّ وَرقَةِ شتَاءٍ....

ولكنْ عندَمَا يعُودُ الضَّوءُ مَرّةً أخرَى.

وَتنبُتُ الأورَاقُ عَلَى أشجَارِ الشّتَاءِ،

عِندَمَا يموتُ، آملاً يقُولُ للعثُورِ عَلَى إجَاباتٍ :

"لمَ اختَارَهُ المرَضُ !"

* M.N.D هُوَ اختصَارٌ لمَرَضِ العَصبِ الحرَكِيّ (م.ن.د)

*كابْ تَاون: مَدينةٌ في إفريقيَا الجنُوبيَّة

خَرِيفٌ

نَحوَ خَرِيفٍ يَميلُ إلى الحُمرَةِ،

مُتعَدّدَ الطَّبقَاتِ والطُّرقِ الملوَّنَةِ....

رُمُوزٌ مِنْ نماذِجَنَا الأصليَةِ.

واستعَارَاتِ عَصرنَا

لاَ يمكنُ تَصوُّرهَا،

إذَا كَانَ للألوَانِ تَغييرٌ ؟

حُلمُ "ثَمبي نغُوبَانْ"

مَرحَبًا فيرُوس "نقص المنَاعةِ البشَريَّةِ"،

أنتَ ظَالمٌ،

أنتَ في جسَدِي.

عَليكَ أنْ تُطيعَ القَواعِدَ،

عَليكَ أنْ تَحترَمَني...

وإِذَا لمْ تُؤذِني،

فَأنَا لنْ أؤذِيكَ.

وإِذَا اهتَممتَ بعمَلكَ،

سَوفَ أهتمُ بعمَلي كَذلكَ.

لذلكَ سَأعطِيكَ تَذكرةً

"عندَمَا يحينُ وَقتَكَ"

ثمبي نغْوبَانْ: نَاشطةٌ مِنْ جَنوبِ إفريقيَا في مقَاومَةِ مَرضِ السّيدَا توفِيتْ بعدَ مقَاومَةٍ شَديدَةٍ للمَرضِ.

مُمارسَةُ الحبِّ مَعَ أربعَةِ جدرَانٍ

قُلتَ : "اقتُلْ أمَّكَ"

وأعتَنِ بي ولقَدْ فعلتُ ذَلكَ.

عَبرتُ المحيطَاتِ مِنْ أجلكَ سَيرًا عَلَى الأقدَامِ.

وَلمْ أركبْ سَفينةً عَبرَ البحَارِ.

مِنْ أجلكَ صَعدتُ إلى النّجُومِ دُونَ طَائرةٍ

حَاملاً إليكَ القَمرَ بَينَ يديَّ.

أحمِلُكِ دَاخلي بَينَ يَدِي.

خَطوَةً خطوَةً حَملتُ قَملَ الحَمَارِ.

كنَّا الحزَامَ والبنطَلونَ.

لقدْ كنتُ مرآتَكَ،

لكنْ الآنَ رَحلتَ.

ذُبابَةٌ سَقطَتْ في الدَّورَقِ المليءِ بالحَليبِ.

مجَالنَا صَارَ الآنَ سَحابَةً ممزَّقةً، هَيكَلَ جَامُوسٍ.

حُبِّي لكَ رَحَلَ بَعيدًا.

وجهُكِ صَارَ حكَايةً خياليّةً.

مِثلَ أرمَلةٍ أمَارسُ الحبَّ كلَّ لَيلةٍ مَعَ أربعَةِ جُدرَانٍ.

فَأنَا لَم أعُدْ أدَّخِرُ احترَامًا لأَحدٍ.

مِثلَ الرّيحِ، مِثلَ حَديثَيِّ الزَّواجِ لمّا ينهَارُونَ في الدُّمُوعِ.

وأعطَيتني عنَاقًا مِثلَ صَفعَةٍ عَلَى الوَجهِ.

وَتركتني دُونَ رَصِيدٍ.

وأنتَ الآنَ تَنعَمُ بنَومٍ هَنيئًا مِثلَ بَقرةِ الشّتَاءِ.

والطُّبولُ تَقرعُ، وَتقُولُ:

"أنتَ، أنتَ، أنتَ" لَنْ يقُولُوا " هيَ ، هيَ ، هيَ"

الطُّبولُ المصنُوعَةُ مِنْ جِلدِ الفهدِ.

الطُّبولُ، هَذِهِ الطُّبولُ الّتي تَستمِعُ إليهَا وَتنتظِرهَا.

إنّهَا تَجعلكَ تَدخُلُ أرضيَّةَ الرَّقصِ.

وَهمْ يقُولونَ لكَ : "أعطِهِ البيرَّة"

كلُّ البيرَّةِ، أنتَ في حَالةِ سُكرٍ.

البيرَّةُ تبتَلعُكَ.

وأنتَ تبتَلعُ المالَ في البُيوتِ الصَّغيرةِ،

في بُيوتِ العَشِيقَاتِ.

إنّهُ كأسٌ بكلِّ حلاَوتهِ .

افتَحْ فمكَ بطَريقَةٍ أوسَعَ.

للتَشربْ مِنْ هَذَا الكأسِ، إنّهُ لذِيذٌ جدًّا.

مِثلَ حسَاءِ السَّمكِ حَتَّى الرَّجلُ العَجُوزُ سَيذهَبُ للصَّيدِ،

دَعْ لسَانكَ يَبقَى في المأوَى.

هُوَ ليسَ جزءًا هَادئًا في الجسمِ،

حَيثُ لا نرَى عُشبًا ينمُو

لأنّني الآنَ سَماءٌ فَارغَةٌ.

أعزبُ رَافضٌ وَغَاضبٌ.

حِينَ تَراني أخلقُ صَداقَةً مَعَ الرّيحِ،

أجرِي حَتَّى تَتكسَّرَ رجلايَ.

يمكنكَ شِرَاءُ زَوجٍ جَدِيدٍ.

الآنَ عَقلي هُو زَوجي، هوَ حَبيبي...،

يجعَلني أدخُلُ في عَلاقَةٍ

إذَا العزُوبيَّةُ بعثَتْ برَائِحَةٍ كريهَةٍ،

فدَعُوا الذّبَابَ يَتبَعُني، وَدعُوهمْ يأكُلُونَني...

قُبلةٌ

لترتِّبَ مَوعِدًا مَعهَا،

هيَ تَنسُجُ مَظهَرًا.

وَتسمَحُ للمُستَحِيلِ بالحدُوثِ.

ريَاحٌ جَنوبيّةٌ لرغبَةٍ قَويَّةٍ،

مُستَعدَّةٍ لتحضُنَ في القُطنِ أحلاَمًا لذِيذَةً.

تُقبّلكَ بشفَاهٍ بنّيّةٍ.

شِفَاهٍ حُلوَةٍ بعَسَلٍ دَاكنٍ،

يقْطُرُ مِنْ لعَابهَا مثلَ شَيءٍ حَديثِ الولاَدَةِ.

يَدفَعُ ويمنَحُ لسَانهَا كلّ فرِدٍ

ليعتَدِي عَلى الحبِّ،

فيقَعُ قلبكَ بيَنَ شفتيهَا...

زكامُكَ مثَاليٌّ يذُوبُ ببطءٍ

تحتَ تفَاصِيلهَا السَّاخنَةِ.

في حِينِ أنَّ القَمرَ الأحمرَ النَّاعِمَ

لا يمكِنُ اجتنَابُهُ، يهمِسُ مِنْ حَولكَ.

هُوَ قمرٌ ينهمِرُ مُكتملاً.

أدرَاجٌ مثلَ جَسَدٍ سَماويٍّ

يَنزلِقُ، يَتحطَّمُ عَلى الأرضِ.

النُّورُ، وزنُ الطّبقَاتِ الضَّاغطَةِ للحرَارَةِ

أسفَلَ جَسَدكِ.

رَوعَةٌ مزرُوعَةٌ بعمقٍ،

تَشتَعلُ تَحتَ نهدَيكِ

أنتَ مرَاهقٌ ينفَجرُ

في جَسَدهِ المثيرِ للدّهشَةِ ،

وَدُونَ تردّدٍ مَازالَ يحيَا في النُّورِ.

يخبرِكَ عَنِ الخطَواتِ الّتي يجبُ اتخَاذهَا.

حِينَ تلتهِمُكَ القُبلاتُ،

ننظُرُ بعضَنَا إلى بعضٍ بانتقَامٍ،

نَدفَعُ ملابسَنَا في القَذَارةِ.

ونمارسُ الحبَّ مثلَ الحيَوانَاتِ....

لكنَّها ولدَتْ، وأنتَ تشَاهدُ

ولدَتْ مِنْ رجَالٍ، ولدَتْ في حَاجَةٍ

وفي شَهوةٍ لهَذَا الحبِّ.

أنتَ عَالمهَا، إنّها لكَ

لدَيكَ شَريكٌ في أيّ شَيءٍ،

هَلْ هيَ منَافسَةٌ، بتنَاسُقٍ وتعَاونٍ وَحوَارٍ؟

مَشروعُ "زَان"

في هَذِهِ الصّفحَةِ،

كيفَ يمكنُني تخزينُ هَذِه المَوَادِّ

والتّوقّفِ في خَرائطِ المعنَى غيرِ المدرُوسَةِ؟

"زَانْ" لدَيهِ سُوقٌ للسَّلعِ الرَّخيصَةِ المستَعملةِ.

للاتصَالِ بعقُولِ كائنَاتٍ بشَريّةٍ.

رَماديّةُ الإنسَانِ أشوَاكُ

تزيّنُ بعضَ الأشيَاءِ.

أُنقذَتْ مِنْ خلاَلِ حَياةٍ عَشوَائيّةٍ....

مُنذُ أنْ صرتَ وَاعيًا بنفسِكَ،

هيَ لحظَةٌ فَريدَةٌ مِنْ نوعهَا.

ثمَّ إنَّ المظهَرَ لاَ يختَلفُ

بينَ الرّغبَةِ والإلهَامِ.

الحدَسُ أكثرُ قيمةً مِنَ المعرفَةِ.

أنتَ تَعرفُ أنّكَ الآنَ القَائدُ لجسمِكَ،

قَائدٌ مزَخرَفٌ لجسَدٍ يحسِنُ العَيشَ،

محبٌّ يتعَلّمُ مِنَ الجرُوحِ الحَادّةِ بالتذمّرِ والاحتِجَاجِ...

أنتَ فَقطْ قَادمٌ إلى رُجولةٍ حَزينَةٍ.

اسْكتِ الآنَ ! الكَونُ يجمَعُ نفسَهُ.

إذا سَألتَني سَأقولُ لكَ الحقيقَةَ !

هَذَا أنا مَنْ كَانَ مخطِئٌ حَقًّا !

بوّاباتُ المعَاني تَظهرُ

بلسَمًا مِنَ الصّدقِ العَارِي.

مُؤلمٌ مَعَ كلمَاتٍ ليسَ لهَا مَعانٍ.

المعلُوماتُ هيَ المفتَاحُ الرئيسِيُّ الوحِيدُ

في هَذِهِ اللّعبَةِ اللّغويَةِ...

تعَدُّدُ المَهامّ

كنتِ جَميلةً جدًّا عندَ النَّظرِ إليكِ.

لكنّي لم أقم باختيارِكِ، لأنّي لَو كنتُ مَعكِ

شَيئًا يشبِهُ أموَاجًا في مُحيطٍ كَبيرٍ وَمخيفٍ.

وكنتُ قاربًا صَغيرًا يحرِثُ الأموَاجَ،

وَكلُّ مَا يمكنُ لي فعلُه هوَ أنْ أُجْذَبَ خَارجَ التَّوازُنِ.

كانَ قَلبي منفَردًا دُونَ صَاحِبٍ،

لاَ يزَالُ يتَدفَّقُ للغَرقِ في الكَلماتِ.

يحَاولُ الوُصولَ إلى السَّطحِ،

ليصِلَ إليكِ لتَسمَعِيني...

ظَللتُ أصرُخُ، ثمَّ أصرُخُ

صُعُوباتٌ تحذِّرُ ممّا فَعلْتِ.

بَينما كَانَتْ عَيناكِ تتجوّلانِ

وكنتَ تُسمّيهَا تَعدُّدَ المهَامّ

مثلَ كلَّ صَباحٍ،

انتهَى كلُّ شَيءٍ،

في كلِّ مَكانٍ،

كلُّهُ مَرّةً وَاحدَةً ...

وَمَا زلتُ أحبُّكِ

مثلَ قَاربٍ مُنفجِرٍ.

لاَ أستَطيعُ الطيَّرانَ مِنْ خلاَلَهِ.

بنَفَسٍ دَافِئٍ،

يمكنُ أنْ يهدِيني الحريَّةَ.

كانَ هنَاكَ تمزُّقٌ حَتميٌّ،

يقْطَعُ قَلبي المفتُوحَ،

عَلَى الجَانبِ المؤلمِ مِنْ أحَاسِيسِكَ.

ولكنْ مثلَ دَليلٍ خَرجَ مِنْ مَتاهَةِ الأذَى،

سَوفَ يلتئمُ الجُرحُ في الوَقتِ المنَاسبِ.

عُشّاقٌ مهمَلونَ

الضّحِكَاتُ تتسرَّبُ مثلَ نَبيذٍ

في كَأسٍ زُجَاجيٍّ...

يضحَكُ مبَاشَرةً للشَّمسِ

ونحنُ نَتدَحرَجُ عَلَى الأرضِ

ضَاحكينَ مثلَ العَالمِ

لم نَذهَبْ إلى البَذَاءةِ.

أغنيَةُ العَصَافيرِ... شُروقُ الشَّمسِ، هذَيانٌ.

نشعُرُ أنّنا مجموعَةٌ مِنَ العُشَّاقِ المهمَلينَ...

لا يقهَرونَ.

الضّحكَاتُ تقفِزُ مِنْ شَجرةٍ إلى شَجرةٍ،

في سَماءٍ مفتُوحَةٍ.

جَسدُهَا يتَصدَّعُ منَ الألغَامِ،

لذَلكَ نَحنُ نكذِبُ لنرتبِطَ ببَعضِنَا بَعضًا.

نمارِسُ الحبَّ أشْكَالاً.

تتَناغَمُ الصُّخورُ مِنَ رَنينٍ إلى رَنينٍ.

أغنيَّةُ الرّيَاحِ العَشوَائيّةِ،

تكسِّرُ شَظَايَا الذَّاكرةِ...

* كابولاَ : عَلاقةُ ارتبَاطٍ

جَواهِر

أنَا أحِبُّ المجوهَراتِ.

المجوهَراتِ النَّفيسَةَ،

المتألّقَةَ، الدَّاكنَةَ، بَالغَةَ الصّغَرِ.

رَنينَ المجوهَرَاتِ،

مجوهَراتٍ بمقَابضَ،

مَعَ ثقُوبٍ في الوَسَطِ،

أينَ يمكنُ أنْ تكمُنَ قُلوبهُمْ.

وَمجُوهرَاتٍ متنَكّرةً مثلَ مجوهَراتِ الرَّغبةِ الجميلةِ.

مجوهَراتٍ مَرميَّةً وبَاليةً.

أشعُرُ بفَوضَى المكَانِ الّذِي تُوجَدُ فيهِ المجوهَراتُ.

الّتي كانتْ ذَاتَ مَرّةٍ جزءًا مِنْ شَيءٍ مَّا....

هُوَ هُنَا

صَدَى نِهَايَةِ الوقتِ.

إبرَةُ العَنبرِ السَّاخنَةُ للزّنبُورِ*،

تُغادِرُ مَنزلَ الفَناءِ المفتُوحَ للجَميعِ...

تقفزُ أنّى شاءَتْ.

رَغوةٌ رَقيقَةٌ تمتَدُّ دُونَ همسٍ،

صَوتُها مَكسُورٌ،

تَفتحُ فجْوَةً في الأرضِ،

لتُظهِرَ أنَّ الحبَّ سترَةٌ وَاقيَةٌ للجِلدِ.

*الزّنْبُورُ: حَشَرَةٌ مُضِرَّةٌ

لقائهما

فقطْ هَذَا مَا حَدثَ،

كَانا يمشِيَانَ في نَفسِ الطَّريقِ.

لم يتوقَّفا عَنِ السُّؤالِ لاتجَاهَاتٍ أفضَلَ

أوْ للتَّفكيرِ بطَريقَةٍ مختَلفَةٍ...

لم يتَبادَلاَ الملاحظَاتِ،

حَاولاَ فَهمَ الأسَاليبِ

للوصُولِ إلى هُناكَ أو إلى بدَايةِ الأشيَاءِ.

لم يفكّرا قَطُّ في الحُبِّ.

فَقطْ هَذَا مَّا حَدثَ.

كانَ وَراءَ ذَلكَ كلّ الوَقتِ،

رَغم أنَّ الوقتَ كَانَ لدَيهِ أسبابًا أخرَى.

لبلاَبٌ خَفيٌّ يسَاهمُ في إبعَادِهمْ.

لم يَعرفَا في أيِّ لحظَةٍ.

تَعثَّر الوَقتُ وَتخلَّى عَنهمَا.

فَقطْ هَذَا مَّا حَدثَ

مثلَ اثنَينِ مِنَ الدَّلاَفِينِ تمَّ القَبضُ عَليهمَا

برمحٍ مِنْ ضَوءِ القَمرِ....

غَضَبٌ مِنْ هَذَا الضّياءِ

عَلى الأشجارِ...

يحتَشدُ ضَوءٌ ذَهبيٌّ...

لكنْ ليسَ لي ثقَةٌ في ذَلكَ.

عندَ وصُولهِ...

يصلُ بعيدًا جدًّا في الغَضبِ المتباعِدِ.

هَلْ نحنُ مجرّدُ أعضاءٍ فقطْ في هَذهِ الرّحلةِ؟

أوْ أجهزةٍ دَراميَّةٍ،

نَسيجٌ،

أو إطَاراتٌ،

أو غرُورٌ لاَ يمكنُ فَهمُهُ.

كلمَاتي قَوسٌ،

ليسَ لدَيهِ صَوتٌ أو مَعنَى...

وَداعًا أيّهَا الأمسُ

وداعًا أيها الأمسُ نحنُ الآنَ منفصِلاَنِ.

لقَد نَسيتُ اسمكَ،

ونَسيتُ اسمي كَذلكَ.

أنَا أنتَمي إلى الغَدِ.... فَلاَ تَتبعْني،

أنَا بَلَدٌ جَديدٌ حِينَ ينتَهي، ينتَهي،

وَداعًا أيُّها الأمسُ.

اليومَ دَعنَا نَذهَبُ....

مَاذَا سَتمنحُنا أيّها الغَدُ؟

سَتأتي حَاملاً سَلّةً مَلأى بأشيَاءَ جَديدَةٍ.

دُونَ مَشاكلِ الغَدِ،

تَعالَ الآنَ.

وَلاَ تأتِ مثلَ حَرباءٍ

متَواضِعًا بخطَواتٍ غَيرِ متأكّدَةٍ.

ولقَدْ انتظرتُكِ....

مثلما انتَظرتُ ميلادَ شَيءٍ جَديدٍ.

أنْ نُولدَ في يَومٍ وَاحدٍ فَقطْ

لنحتَفي بالحيَاة، وَنعمَلَ لنهَبَ الولادَةَ،

للدُّموعِ فَقَطْ،

خَاصَّةً لنَسقيَ قُبورنَا.

وَنضربَ خَدَّ الأرضِ الخصبَةِ بدُموعنَا....

عندَمَا كنتُ طفلاً كنتُ أمشِي عَلَى أربعَةِ أرجُلٍ.

وَحينَ صرتُ مُراهقًا، مَشَيتُ عَلَى قَائمَتينِ.

والآنَ صرتُ شَيخًا أمشِي عَلَى ثَلاثَةٍ،

عَلَى قطعَةٍ مِنَ اللّوحِ أجمَعُ بعضَ الحطَبِ للتّدفئَةِ.

هُوَ دثَارٌ كبيرٌ للشَّيخِ الّذِي يقُصُّ علينَا لَيلاً حكَايَاتهِ.

لاَ ذُبابَةَ سَوفَ تَستقرُّ عَلَى فَمي اللّيلةَ.

أنَا الآنَ العشبُ الّذِي تَجترّهُ البقَرةُ،

لي ضِفدَعٌ دَاخلَ أحشَائي

يأكُلُ كلَّ مَّا بدَاخلي.

ودَبابيرُ تَصطادُ عَلَى صَدرِي،

تَقضِمُ رئتيَّ وقَلبي

وَصَرَاصِيرُ تندَفعُ صَاخبةً في فكرِي،

إنَّهُ مؤَشَّرٌ يخبرني أنَّ حكَاياتي قَدْ أشرَفتْ عَلَى النّهَايةِ.

أنَا مَا تَركتُ خَلفي غصنَ شَجرةٍ جَافٍّ.

دَعِ الخشَبَ يعُودُ إليَّ.

سَأحصُلُ عَلَى غصنٍ لأضرمَ نَارِي.

لاَ أرَى إلى أينَ سَأذهبُ الآنَ!

أنَا أشبِهُ الضَّبابَ فلاَ أحدَ يرَاني.

لكنّي أنَا هنَا، هُناكَ، في كلِّ مَكانٍ.

أشعُرُ برغبَةٍ في الرّحيلِ، الرَّحيلِ إلى أيِّ مَكانٍ ؟

لاَ أريدُ أنْ أوضَعَ عَلى شمَّاعَاتٍ،

مِثلَ لبَاسٍ مفضَّلٍ،

رَغمَ منْ أنّني الآنَ نَسيجٌ

في انتظَارِ أنْ يعطَى.

مَازلتُ أفَكّرُ بقَلبي

مِثلَ كَلبٍ مُسافرٍ إلى جهَةٍ مجهُولةٍ.

أعُدُّ النُّجومَ

كلّمَا استَلقيتُ ليْلاً عَلَى ظَهري،

نجُومٌ مبعثَرَةٌ في النّاحيَةِ الشَّرقيةِ.

هَلْ يعرفُونَ بعضَهمْ بعضًا؟

أشرَعُ في عَدّهمْ

يمكنُ لهمْ أنْ يَعرفُوا بعضَهمْ بعْضًا،

فقَطْ بعدَ تعدَادٍ قليلٍ.

سَأبدَأ في الغرقِ في بَحرٍ مَجهُولٍ...

ثمَّ أشرَعُ في العَدّ مَرّةً أخرَى،

هَذِهِ المرَّةَ قَدْ أتمكَّنُ مِنْ حَلِّ (مكَعَّبِ رُوبيكْ)*

أَحدٌ آخَرُ كَانَ قَدْ انزلَقَ مِن خلالِ أَصابِعِ عَقلي،

لذَلِكَ سَوفَ أبدأُ مَرَّةً أُخرى مِنَ الجنُوبِ.

مَا زَالَ أكثرُ لعبًا في الطَّبقاتِ...

مِنْ هذِهِ النِّهايةِ يبدُو أنَّهُمْ يسيرُونَ في عَدّ التَّشكيلاتِ.

هُناكَ تلكَ الشُّعلةِ الوَاحدَة بَينَ أعوَادِ ثقَابٍ

واعدَةً بالعَودَةِ مِنْ وَقتٍ إلى وَقتٍ

تمَامًا مِثلَ "كُوني" تلكَ الزَّهرَةَ الزَّاهيَّةِ.

ولكِنْ في يَومٍ مِنَ الأيَّامِ لَنْ تَكونَ هنَاكَ "كُوني".

هِيَ هَويَّةٌ خَاطئةٌ، بقعَةٌ دَاكنةٌ بَقيتْ.

هَكذَا بَقيتْ أَيضًا بإيمَانٍ ضَعيفٍ،

لكنّنا نَترَدّدُ مَرّةً أخرَى، أَليسَ كَذلكَ؟

نَحنُ نتَرَدّدُ مَرّةً أخرَى في العَدِّ،

هيَ مملّةٌ وَيمكنُ عَدُّهَا.

لِمَ لاَ يضيءُ لنُلقي الضِّياءَ في طُرقِ الحقيقَةِ؟

مُحزنٌ وَمرهقٌ للحَياةِ الّتي لنْ تُبرّئَ

العَواصفَ الرَّعديَّةَ، تُسونَامي، المآسِي، المحنُ، المحاكَماتُ....

هُم لاَ يقُولونَ؟

"حرُوقٌ مِنَ الدَّرجَةِ الثَّالثةِ تَخترقنَا رَغمَ احترَامنَا للنَّارِ؟"

أو "ندُوسُ إصبُعَ قَدمٍ يجعَلنَا أكثرَ حذَرًا في خُطواتنَا"؟

أوهِ أينَ أضَعُ إصبِعي عندَ الإحصَاءِ الجدِيدِ؟

ربَّما إلى الغَربِ أو إلى الشَّمالِ !

أو يخرُجُ العَالمُ عَن مَسارهِ ومَواسمهِ عَنْ طريقِهمْ.

وينسَى أينَ دفنَتْ المسَارَاتُ !

أيّهُما طَريقٌ لقَد تَركتْ طَريقًا آخَرَ...

وَلكن كَم مَرّةً نَضيعُ في مَتاهَةِ عُقولنَا.

في كَثيرٍ مِنَ الأحيَانِ نَنسَى لمَاذَا يَتمّ رَبطُ سِلسلةٍ حَولَ

إصبعنَا

في كثيرٍ مِنَ الأحيَانِ يَتعَذّرُ عَلينَا الإبحَارُ في خَريطَةٍ.

أَلَمْ نفرّطْ في النَّظرِ إلى إبرَةٍ منتَصبَةٍ فوقَ كرسيّنَا ؟

أليسَت الحيَاةُ لعبَةَ (ليغُو) مرَكّبَةً ؟

نَربحُ وَنخسِرُ في العَدّ في كلتَا الحَالتينِ.

وَننكَبُّ عَلَى الطَّاولةِ.

هَل لنَا أَنْ نَنظرَ إلى الوَراءِ، وَنقُولَ :

كانَ الإبحَارُ سَلسًا...

دُونَ تَوقُّفٍ، دُونَ عَلامَاتٍ، وَلاَ ندَمٍ.

هَلْ لأنّنَا تَحصَّلنَا عَلى لعبَةٍ أكبرَ مِنْ كلِّ شَيءٍ ؟

* مكعّب روبيك: مَسألة ريَاضيةٌ

تَمَنِّيَاتٌ

يتمنَّى الكَاتبُ لوْ كَانَ محرّرًا.

حَتَّى يتَحصَّلَ عَلى كلِّ حكَاياته.

والمحرِّرُ يتمنَّى لوْ كَانَ كاتبًا،

ليتمكّنَ مِنْ كتَابةِ قصَصٍ مَنشُورَةٍ.

يتمنَّى النَّاشرُ أنْ يكونَ محرّرًا.

ليتمكّنَ مِنْ اختيَارِ قصصٍ تَدرُّ مَالاً كثيرًا.

فيَما يتمنَّى القَارئُ أنْ يكُونَ الشَّخصيةَ الرئيسِيّةَ

وأفضلَ بَطلٍ للرّوَايةِ.

الشَّخصيَةُ الرئيسِيّةُ تَمنَّى لوْ كانَتْ شَخصيَّةً بسيطَةً.

لتخْفي التَّدقيق عَنِ المحرّرِ.

الشَّخصِيةُ الثَّانويةُ تَمنَّى لَو كَانَتِ الكَاتبَ

الّذِي يمكنُ أنْ يتحَصَّلَ عَلَى دَورِ الشَّخصيَّةِ الرئيسيَّةِ.

وَيتمنَّى الكَاتبُ أنْ لَا يكتُبَ مَرّةً أخرَى

ليبغَضَ كلَّ رغبَاتهمْ.

لكنَّ المحرّرَ يتمنَّى للكَاتبِ ألاَّ يتَوقّفَ عَنِ الكتَابةِ

حَتَّى يجدَ دَائمًا شَيئًا للسَّيدِ.

يتمنَّى النَّاشرُ ألاَّ يتَوقّفَ المحرّرُ عَنِ التَّحريرِ،

حَتَّى لاَ يتقَلّصَ رَصيدُهُ المصرِفيّ.

في البَيتِ مجَدَّدًا

كانَ يتَصوَّرُ أنَّهُ أخَذَ كلَّ شَيءٍ.

ربِّمَا لم يكنْ عَليهِ التَّفكيرُ في الأمرِ،

أو كانَ عَليهِ حقًّا أنْ يترُكَني.

اعتَقدتُ أنَّهُ أخَذَ جزءًا مِنّي،

قُلتُ لنفسِي إنَّهُ غَادرَ بشَيءٍ مِنّي،

لكنّي لم أستطِعْ أنْ أطلبَ منهُ ذلكَ.

لقَدْ ترَكَني مثلَ سَماءٍ زرقَاءَ فَارغَةٍ،

هَواءٌ جَافٌّ هوَ كلُّ مَا أشعُرُ بهِ دَاخِلي.

أحسَستُ أنّني مَكشُوفٌ مثلَ سَماءٍ مفتُوحَةٍ.

تَتدفَّقُ الشَّمسُ سَاخنَةً دُونَ رَحمةٍ...

دُونَ غُيومٍ، دُونَ هَواءٍ، دُونَ نَسيمٍ.

شَعرتُ أنَّ دَاخلي يَجّفُ،

يموتُ دَاخلَ الموتِ، طَائرٌ دُونَ قَوائمٍ.

أخَذَ طريقًا مجَانبًا وَتَركَني وَحدِي.

لقَدْ تَركَني وَحيدًا في الطَّريقِ الوَحيدِ.

وَحينَ اقتَربتُ مِنَ التّقَاطعِ

تَركَني عَلى أعتَابِ الموتِ ....

شَيءٌ يأخُذُ ويغيّرُ الحيَاةَ.

لَقَدْ أخَذَ شَيئًا تُعطيهِ الحيَاةُ.

استَغرقَ الأمرُ منّي سَنواتٍ لاكتشَافِ ذَلكَ.

كانَ لي أنْ أمُوتَ دَاخلي لأجدَهُ،

أنّهُ لم يَأخذْ أيَّ شَيءٍ،

وَأنَا مَازالَ كلّ شَيءٍ دَاخلي،

فاضطَررتُ إلى مُواجهَةِ خَسارةٍ أخرَى

أمّي تمَوتُ مِنْ مَرضِ الزَّهايمر.

تجعَلني أدركُ مَاذَا تَعني الخسَارَةُ حَقًّا !

هيَ نَوباتُ النّسيَانِ عندَ أمّي،

يمكنُ لهَا أنْ تَنسَاني

يمكنُ أنْ تَنسَى مَنْ كَانت هيَ!

وأينَ كانتْ...

كانَتْ وفاتهَا لاَ تمثّلُ خَسَارةً،

فَليسَ لدَيها شَيءٌ تخسرهُ أكثَرَ مِنْ ذَلكَ.

تجعَلني أدركُ أنّني لمْ أفقدْ أيَّ شَيءٍ،

أنا أوْ حتّى الشَّخصُ الّذِي فَقدَني.

لأجدَ نَفسي مَرّةً أخرَى عَلى طَريقِ الحيَاةِ،

لأنّهُ تخلّى عَنّي.

لي أنْ أجدَ نَفسي مَرّةً أخرَى،

لأجدَ طَريقي إلى المنزلِ مَرّةً أخرَى...

نَنتَظِرُ ونبقَى...قَليلاً

عندَمَا كنَّا صغارًا،

كَانتِ النُّجومُ، الشَّمسُ والقَمرُ والظَّلامُ...

تبْقَى طَويلاً كأنّهَا مُهّدَتْ لنَا كلّمَا لعبنَا.

وَحينَ كَبرنَا،

أصبَحتِ الشَّمسُ حَارّةً أكثَر،

وَكنَّا مُثيرينَ،

في الفَشَلِ القَلقِ وخَيبةِ الأمَلِ.

القمَرُ ضَعيفٌ، وبَاهتٌ.

لقَدْ كانَ يكبرُ....

مختَبئًا في السَّماوَاتِ المظلمَةِ،

أمَامَ الدّيَارِ الّتي كَانتْ سُجونًا لنَا.

الآنَ، وَنحنُ نَضطَجعُ مَعزُولينَ.

في ظُلمَةٍ لاَ حُدودَ لهَا.

مَدُّهَا النَّاعمُ يجذُبنَا...

وَنحنُ نَنتظرُ ونَبقَى قَليلاً.

رُجُولةٌ حزِينةٌ

إلى إدي... أنَا أعرفُ مَا تشعُرينَ !

لنْ أتخَلَّى عنهَا،

ليسَ لأيّ شَيءٍ...

فَلاَ شَيءَ يستَحقُّ العَناءَ.

قَطعتُ طُرقًا طَويلةً،

يقُولُ البَعضُ نصفَ الطَّريقِ،

نصفَ الطَّريقِ إلى الرُّجُولةِ الحزينَةِ.

فِي أَوَّلِ عشرينَ سَنةً

كنتُ بذرَةً في التُّربةِ

في انتظَارِ هُطولِ الأمطَارِ في فَصلِ الرَّبيعِ.

للعِشرينَ سَنةٍ القَادمَةِ

كنتُ جذْعَ شَتلةٍ

أتغذَّى مُتوهِّجًا في الخضْرَةِ....

الآنَ... أربعُينَ سَنةً قَادمَةً

سَوفَ أتعَلّمُ مِنَ الحيَاةِ

كلَّ الحبِّ الّذِي حَطَّمني.

للوُصُولِ إلى هُنا، حَيثُ

أنا قَادِمٌ للتَوِّ،

نصفُ الطَّريقِ إلى الرُّجُولةِ الحزينَةِ.

الجَمالُ هُوَ الوجُودُ

مِنْ خلاَلِ اليَأسِ،

يَكونُ الجَمالُ قَمعًا.

أنْ تَيأسَ مِنَ الجَمالِ

الّذِي يتغَذّى بالقُبحِ والاضطرابَاتِ.

للجَمالِ المغتَربِ

يمكَنُ أنْ نتَّخذهُ زَكاةً لذَلكَ...

الجَمَالُ هُوَ الوجُودُ

إذَا استمَرَّ

نمسِكُ، وَنتمسَّكُ بهِ.

سُونَاتَة " ديبتشْ " * (مَقطُوعَةُ سَافُو) *

ألعبُ مَعَ " إحدَاهنَّ والبَنفسَجُ في حُضنِهَا " من لورينْ أ. فيل.

تمسِكُ الورُودَ بَينَ يديهَا،

ابتسَامَةٌ رقيقَةٌ علَى شَفتيهَا

ارتعَاشَةٌ في قَلبهَا.

رُبَّما كَانت وَحيدَةً هيَ تَنتظرُ قُربَ المنحدَراتِ الصَّخريَّةِ...

بتلاتٌ ترتَعشُ بَينَ يَدَيهَا.

أَصَابعُ شَاحبَةٌ تمسِكُ جُذوعًا هشَّةً.

رِيَاحٌ تهزُّ أشجَارَ الصَّنوبرِ،

نَسيمٌ يحرّكُ الأورَاقَ، قَلبهَا يتظَاهَرُ.

لم تَكنْ وَحيدَةً، كانتِ الورُودُ بَينَ يدَيهَا.

شَعرهَا ، تنُّورتَها ، قَلبهَا المنحَرفِ.

يجِبُ أنْ تَكونَ شُجاعَةً، يَجِبُ أنْ تتهيَّأ،

لمْ يتمكّنَ قَلبهَا مِنَ العُثورِ عَلى الحبِّ الضَّائعِ.

الورُودُ تَنمو في الصَّخرةِ الجَاهزَةِ،

أكثَر منَ الوُرودِ بَينَ يدَيهَا...

أَلعَبُ مَعَ " إحدَاهنَّ والعنفُ في حُضنهَا " مِنْ لُورينْ أ. فيلْ.

تُخفي الشَّوكَ في قلبهَا،

ابتسَامَةٌ شَائكَةٌ بَينَ أسنَانهَا.

ارتجَافَةٌ في قَلبهَا،

ربَّما تَجلسُ عَلَى النَّدَى الرَّبيعيِّ مِنَ المرُوجِ المنثُورةِ.

عَلّقَت قُشعَريرَةَ الشَّوكِ في قَلبهَا.

أَصَابعُ هَشّةٌ تَحملُ جُذُوعًا شَائكَةً.

وَخزُ الأَشوَاكِ... أطرَافٌ مُتوتّرَةٌ.

دوَّامَاتُ الرّيحِ تدُورُ، قلبهَا عَازمٌ .

لمْ يحدُثْ شيءٌ، الشَّوكُ في قلبهَا.

شَفَتَاهَا وَعينَاهَا وَأسنَانهَا تبْتَسمُ.

دَوّامَاتُ النُّسورِ، قَلبهَا مَخدُوعٌ .

سَوفَ تُخطئُ لوْ كَانَ عَليهَا أنْ تَعيشَ هَذَا اليَومَ.

الأشوَاكُ المزرُوعَةُ فُيّ أبدِيّ،

أكثرَ مِنَ الشَّوكِ في قَلبهَا...

* سُوناتةُ " ديبتشْ ":

* سَافُو : شَاعرة إغريقيّة

هَذهِ التّلميحَاتُ

هيَ تلمسُكَ مَرّةً أخرَى.

اللّمسُ هُو كُلُّ شَيءٍ بالنّسبَةِ إلى بصَركَ.

تَقفُ بعنَايةٍ فَائقةٍ وخَائفةٍ جدًّا

مِنْ سُقوطٍ عَميقٍ وفَراغٍ آخَرَ.

كنتَ تَطرقُ لهَا دُونَ ميزَانٍ

خَوفًا مِنَ الاستيلاَءِ عَليهَا.

صَعبٌ للغَايةِ ومعَلّقٌ في الذّاكرةِ.

لماذَا لاَ تَزالُ هنَاكَ ؟

نتَسكَّعُ مَعًا حَتَّى سَاعَاتٍ متأخّرةٍ،

نتمَسّكُ بحبَالِ العَطفِ.

نحَاولُ الوصُولَ إلى هُؤلاءِ اللآّمعينَ

لهمْ شَواطئُ في قُلوبِهمْ.

نُواجهُ شَخصَيْنِ يشعَّانِ نُورًا،

مُدَّ أصَابعكَ.

لقَد تَاهتْ في غَابَاتِ اللّذَّةِ.

تضربُ الخدَّينِ،

وتخلعُ الملابسَ.

ملابسَ حَسبَ حَاجَتكَ.

كَثيرٌ مِنَ الحبِّ،

وَقليلٌ مِنَ الأشيَاءِ لتفعَلَ ذَلكَ،

يبدُو أنَّ كليْكُما يحبُّ،

مِنَ الهَجرِ والحَاجَةِ

ربَّما الصَّمتُ والعَزاءُ.

لاَ لتكونَ مَحبوبًا ولكنْ بالأحرَى لتُحبَّ،

هَذَا المدَى الرَّائعَ.

لتلمَسَ دَاخلكَ الإنسَانيَّ جدًّا.

أنتَ تُؤمنُ بهذَا المدَى الّذِي تقصِدُهُ.

لكنَّها الآنَ تجمعُكَ مَرّةً أخرَى

إلى مَاضيكَ.

ماضِيكَ الّذِي يطلبُ منكَ أنْ تذهَبَ.

وعَليكَ أنْ تذهَبَ

مثلَ رُوحٍ عَابرةٍ،

مَاردًا مثلَ حُلمٍ.

سَوفَ تَحلمُ،

سَوفَ تَرتشفُ حلمَكَ،

ولنْ تَستيقظَ....

هَذَا هُو طُموحُكَ.

سَوفَ تبقَى بَعيدًا لتخَبّئَ أسرَارَكَ.

فلاَ تَشعُرُ بشَيءٍ،

سَوفَ تبقَى بعيدًا

مثلَ أمطَارٍ في عَامِ جَفافٍ.

فَقطْ يمكنكَ رؤيةُ ضَوءِهَا مُشرقَةً في السَّماءِ.

اسكُبِي صُورتكِ في الذَّهَبِ.

وأنتِ تَنامينَ في الحلمِ الّذِي انزلقَ،

تَذُوبينَ في خَيالهَا.

نَزيفٌ تُفرغُهُ مَرّةً أخرَى.

يُطرّزُ نَفسَهُ في المنحَنَى

في حُنجُرتهِ المشوَّههِ.

حبُّكِ الآنَ مَليءٌ بالدَّمِ المظلمِ من قلبِكِ.

هَذهِ الحبَالُ الثَّقيلةُ الّتي تُسحَبُ مِنْ قلبكَ،

تَستمعُ إلى أجوبَةِ الماءِ.

تحتَ صُخورِ الخَوفِ السَّودَاءِ في قَلبكَ....

يغرقُ في قَاعِ النَّهرِ، وَيختفي في الأسفَلِ،

يَبدُو أنّهُ في مَناطقَ الإثَارةِ،

مِثلَ صُخورِ المحيطِ.

هَذهِ التَّلميحَاتُ لاَ نهَايةَ لهَا مثلَ قَطراتِ المطَرِ.

طَريقكَ يَنزلقُ بَعيدًا دُونَ مُلاحَظةٍ.

أنتَ تُرسلُ "أيمايلاً" إلى قَلبِكَ خَارجَ

جَزيرةَ الصَّمتِ.

ولكنْ مَا سَوفَ يعيشُ

قَدْرٌ بَسيطٌ مِنْ نبضٍ في قَلبكَ.

لكنْ هَذهِ التَّلميحَاتُ

تحُومُ في آفَاقٍ مهجُورَةٍ....

Mmap New African Poets Series

If you have enjoyed سِجلٌ مَكتُوبٌ لتَائهِ consider these other fine books in *New African Poets Series* from **Mwanaka Media and Publishing:**

I Threw a Star in a Wine Glass by Fethi Sassi
Best New African Poets 2017 Anthology by Tendai R Mwanaka and Daniel Da Purificacao
Logbook Written by a Drifter by Tendai Rinos Mwanaka
Mad Bob Republic: Bloodlines, Bile and a Crying Child by Tendai Rinos Mwanaka
Zimbolicious Poetry Anthology Vol 1 by Tendai R Mwanaka and Edward Dzonze
Zimbolicious Anthology Vol 3: An Anthology of Zimbabwean Literature and Arts by Tendai Mwanaka
Under The Steel Yoke by Jabulani Mzinyathi
Fly in a Beehive by Thato Tshukudu
Bounding for Light by Richard Mbuthia
Sentiments by Jackson Matimba
Best New African Poets 2018 Anthology by Tendai R Mwanaka and Nsah Mala
Words That Matter by Gerry Sikazwe
The Ungendered by Delia Watterson
Ghetto Symphony by Mandla Mavolwane
Sky for a Foreign Bird by Fethi Sassi
A Portrait of Defiance by Tendai Rinos Mwanaka
When Escape Becomes the only Lover by Tendai R Mwanaka
ويَسهَرُ اللَّيلُ عَلى شَفَتي...وَالغَمَام by Fethi Sassi
A Letter to the President by Mbizo Chirasha
Righteous Indignation by Jabulani Mzinyathi:
Blooming Cactus by Mikateko Mbambo
The Rhythm of Life by Olivia Ngozi Osouha
Travellers Gather Dust and Lust by Gabriel Awuah Mainoo

Chitungwiza Mushamukuru: An Anthology from Zimbabwe's Biggest Ghetto Town by Tendai Rinos Mwanaka
Because Sadness is Beautiful? by Tanaka Chidora
Poems of Resistance by John Eppel
Shades of Black by Edward Dzonze
Thoughts Hunt The Loves/Pfungwa Dzinovhima Vadiwa by Jeton Kelmendi, translation by Tendai Mwanaka
Best New African Poets 2019 Anthology by Tendai R. Mwanaka and Nsah Mala
Zimbolicious Anthology Vol 4: An Anthology of Zimbabwean Literature and Arts by Tendai Rinos Mwanaka and Jabulani Mzinyathi
Of Smoke Flesh and Bone by Abigail George

Soon to be released

Writing Robotics, Africa Vs Asia Vol 2 by Tendai R Mwanaka
Zimbolicious Anthology Vol 5: An Anthology of Zimbabwean Literature and Arts by Tendai R. Mwanaka and Tembi Charles
Denga reshiri yokunze kwenyika by Fethi Sassi

https://facebook.com/MwanakaMediaAndPublishing/

www.ingramcontent.com/pod-product-compliance
Lightning Source LLC
Chambersburg PA
CBHW011957150426
43200CB00018B/2933
9781779295903